mit **Peggy** und **Peek**

Weitere Informationen zu Peggy und Peek finden Sie auf der Website
www.peggyundpeek.de
Hier können Sie Malvorlagen zu Peggy und Peek und pädagogische Hinweise zum Einsatz der Lieder herunterladen. Wenn Sie den untenstehenden Code eingeben, können Sie die Noten zu den Liedern in diesem Buch herunterladen oder eine MP3-Datei mit allen Liedern: K7mfuVbE9

So einfach kannst du Bücher mit Ting lesen und hören:

 1. Zum Einschalten drückst du 2 Sekunden lang diesen Knopf. Wenn es geklappt hat, hörst du einen kurzen Ton.

 2. Danach tippst du mit der Spitze von TING auf den Punkt im inneren Kreis. Wieder hörst du einen kurzen Ton. Das machst du bei jedem neuen Buch wieder genauso.

 3. Los geht's. Jetzt kannst du mit TING dieses Buch lesen und wirst schöne Überraschungen erleben.

Hinweis: Wenn du mehr über TING und weitere TING-Bücher wissen möchtest, frag einfach im Buchhandel oder schau im Internet unter www.ting.eu

Tipp hier mit deinem Ting auf den Punkt im inneren Kreis.

Ting. Der Hörstift.

Michaela Sangl · Janet Channon · Wendy Jensen

Das Early English Kinderliederbuch

mit Peggy und Peek

GABRIEL

Inhalt

Track 1	**Sing in English** – Sing auf Englisch	
Track 2	**Music Day** – Musiktag	6
Track 3	**Tickly Rain** – Kitzelnder Regen	8
Track 4	**Mirror, Mirror** – Spiegel, Spiegel	10
Track 5	**It's a Rainbow** – Ein Regenbogen	12

Track 6	**Bunny Jumps Off** – Häschen hüpft runter	14
Track 7	**Here are my Eyes** – Hier sind meine Augen	16
Track 8	**Hey, Hey, Hey** – Hey, Hey, Hey	18
Track 9	**Roll the Ball** – Roll den Ball	20
Track 10	**Animals in my Garden** – Tiere in meinem Garten	22
Track 11	**I'm a Train** – Ich bin ein Zug	24

Track 12	**How many Fingers?** – Wie viele Finger?	26
Track 13	**Cardboard Box** – Der Karton	28
Track 14	**I can Paint** – Ich kann malen	30
Track 15	**My Tool Box** – Mein Werkzeugkasten	32
Track 16	**Catch a Bubble** – Fang eine Seifenblase	34
Track 17	**Caribbean Sea** – Karibisches Meer	36

Track 18	**Puppet likes Dancing** – Püppchen möchte tanzen	38
Track 19	**Butterfly Garden** – Schmetterlingsgarten	40
Track 20	**Tidy up Time** – Zeit zum Aufräumen	42
Track 21	**Tired Teddy** – Müder Teddy	44
	Über die Verfasser	46

Music Day

It's a music day,
We're going to sing and play,
Come and dance around with me.
It's a music day,
We're going to sing and play
And clap hands, one, two, three.

Stretch up tall, stretch up tall,
Bend down low, bend down low,
Wave to the people, wave to the people,
Hello, hello.
Stretch up tall, stretch up tall,
Bend down low, bend down low,
Wave to the people, wave to the people,
Off we go, off we go.

Das Lied wird zweieinhalbmal wiederholt.

Musiktag

Heute machen wir Musik,
Wir wollen singen und spielen,
Komm und tanz mit mir herum.
Heute machen wir Musik,
Wir wollen singen und spielen,
Und in die Hände klatschen,
Eins, zwei, drei.

Streck dich hoch*, streck dich hoch,
Bück dich tief, bück dich tief,
Wink den Leuten, wink den Leuten,
Hallo, hallo.
Streck dich hoch, streck dich hoch,
Bück dich tief, bück dich tief,
Wink den Leuten, wink den Leuten,
Los geht's, los geht's.

* „Tall" wörtlich „groß"

- Beweg dich zum Rhythmus der Musik.
- Klatsch den Takt mit.
- Streck dich zur Decke.
- Beug dich bis zum Boden.
- Winke abwechselnd mit Händen und Füßen.

Tickly Rain

On my **head**, tickly rain,
On my **shoulders**, tickly rain,
On my **back**, tickly rain,
It's raining again.

On my **arms**, tickly rain,
On my **tummy**, tickly rain,
On my **legs**, tickly rain,
It's raining again.

Drip, drop, drip, drop, drip, drop, drip, drop,
Drip, drop, drip, drop, drip, drop, drip,
Drip, drop, drip, drop, drip, drop, drip, drop,
Drip, drop, drip, drop, drip.

Das Lied wird eineinhalbmal wiederholt.

Kitzelnder Regen

Auf meinem Kopf, kitzelnder Regen,
Auf meinen Schultern, kitzelnder Regen,
Auf meinem Rücken, kitzelnder Regen,
Es regnet wieder.

Auf meinen Armen, kitzelnder Regen,
Auf meinem Bauch, kitzelnder Regen,
Auf meinen Beinen, kitzelnder Regen,
Es regnet wieder.

Plitsch, platsch, plitsch, platsch, plitsch, platsch,
Plitsch, platsch, plitsch, platsch, plitsch, platsch,
Plitsch, platsch, plitsch,
Plitsch, platsch, plitsch, platsch, plitsch, platsch,
Plitsch, platsch, plitsch, platsch, plitsch, platsch,
Plitsch.

- Trommle leicht wie Regentropfen mit deinen Fingerkuppen auf jedem Körperteil, das du im Lied hörst.
- Trommle leicht wie Regentropfen mit deinen Fingerkuppen auf deinem ganzen Körper.

Mirror, Mirror

Mirror, mirror, can you do this?
I clean my teeth.
Wiederholung
Cleaning, cleaning,
Cleaning, cleaning.
Mirror, mirror, can you do this?
I clean my teeth.
**Toothbrush, toothpaste,
Tap, water.**
Wiederholung

Mirror, mirror, can you do this?
I wash my face.
Wiederholung
Washing, washing,
Washing, washing.
Mirror, mirror, can you do this?
I wash my face.
**Facecloth, tap,
Water, towel.**
Wiederholung

Mirror, mirror, can you do this?
I brush my hair.
Wiederholung
Brushing, brushing,
Brushing, brushing.
Mirror, mirror,
Can you do this?
I brush my hair.
**Brush, comb,
Brush, comb.**

Looking good,
I'm ready to go!

Spiegel, Spiegel

Spiegel, Spiegel, kannst du das?
Ich putz Zähne.
Wiederholung
Putzen, putzen, putzen, putzen.
Spiegel, Spiegel, kannst du das?
Ich putz Zähne.
Zahnbürste, Zahnpasta,
Wasserhahn, Wasser.
Wiederholung

Spiegel, Spiegel, kannst du das?
Ich wasch mein Gesicht.
Wiederholung
Waschen, waschen, waschen, waschen.

Spiegel, Spiegel, kannst du das?
Ich wasch mein Gesicht.
Waschlappen, Wasserhahn,
Wasser, Handtuch.
Wiederholung

Spiegel, Spiegel, kannst du das?
Ich bürste mein Haar.
Wiederholung
Bürsten, bürsten, bürsten, bürsten.
Spiegel, Spiegel, kannst du das?
Ich bürste mein Haar.
Haarbürste, Kamm, Haarbürste, Kamm.

Wenn ihr mehrere seid, macht einer das Zähneputzen, Gesichtwaschen und Haarekämmen vor und der andere macht es nach – wie ein Spiegel. Du kannst die Bewegungen aber auch allein zur Musik machen.

Sieht gut aus,
Fertig, ich kann gehen!

It's a Rainbow

Take a little bit of **red**,
And a little bit of **orange**,
Add a stripe of **yellow**,
And a stripe of **green**,
A little bit of **blue**,
A bit of **indigo**,
Don't forget the **violet**,
Then what do you know?
It's a **rainbow**.

A little bit of rain,
A little bit of sun,
When they come together,
They make **rainbow** fun.

It's a **rainbow**,
A wonderful, wonderful,
Magical, magical,
Colourful, colourful,
Shining **rainbow**.

Das Lied wird zweimal wiederholt.

🖌 Zeig auf die jeweilige Farbe im Bild, wenn du sie im Lied hörst.

🌈 Beweg deine Arme in einem großen Bogen von links nach rechts.

🌧 Beweg deine Finger wie Regen von oben nach unten.

☀️ Mal einen Kreis in die Luft für die Sonne.

🥁 Klopf den Rhythmus auf deinen Knien.

Ein Regenbogen

Nimm ein kleines bisschen Rot,
Und ein kleines bisschen Orange,
Und einen Streifen Gelb,
Und einen Streifen Grün,
Ein kleines bisschen Blau,
Ein kleines bisschen Indigo,
Violett nicht vergessen,
Und, erkennst du das?
Ein Regenbogen.

Ein kleines bisschen Regen,
Ein kleines bisschen Sonnenschein,
Wenn sie zusammenkommen,
Gibt es Regenbogenspaß.

Ein Regenbogen,
Ein wunderschöner,
Wunderschöner,
Zauberhafter, zauberhafter,
Bunter, bunter,
Leuchtender Regenbogen.

Bunny Jumps Off

Hey look, here comes a bunny!

Bunny's creeping quietly,
Bunny's climbing on my knee.

Bunny jumps **off**,
Then he jumps **on**,
Bunny jumps **off**,
Singing a song,
Bunny jumps **off**,
Then he jumps **on**,
Wiggles his ears and
Bunny's gone!

Das Lied wird zweimal wiederholt.

Bunny's climbing on my knee

Häschen hüpft runter

- Lass den Hasen auf dein Knie klettern. Du kannst einen Stoffhasen nehmen oder mit der Hand einen Hasen formen, indem du zwei Finger für die Hasenohren in die Luft streckst.
- Lass den Hasen im Rhythmus der Musik von deinem Knie herunter- und wieder hinaufhüpfen.
- Versteck den Hasen hinter deinem Rücken.

Guck mal, hier kommt ein Häschen!

Häschen schleicht sich leise an,
Häschen klettert auf mein Knie.

Häschen hüpft runter,
Dann hüpft es rauf,
Häschen hüpft runter,
Und singt dabei ein Lied,
Häschen hüpft runter,
Dann hüpft es rauf,
Wackelt mit den Ohren und
Häschen ist weg!

Here are my Eyes

Here are my **eyes**,
Here are my **ears**,
Open my **mouth**,
Food disappears.

Here are my **cheeks**,
Here is my **chin**,
Here is my **tummy**,
To put dinner in.

Here are my **thumbs**,
Here are my **hands**,
Aeroplane flies,
Aeroplane lands.

Here are my **knees**,
Here are my **feet**,
Two big strong **legs**,
Walk down the street.

Das Lied wird einmal wiederholt.

👁 Zeig auf deine Körperteile, wenn du sie im Lied hörst.

🥄 Löffle im Spiel eine Suppe.

✈ Verschränk deine Hände, lass sie wie ein Flugzeug fliegen und auf deinem Körper landen.

👣 Klopf auf deine Knie und Füße und marschiere los.

Hier sind meine Augen

Hier sind meine Augen,
Hier sind meine Ohren,
Ich öffne meinen Mund
Und lass das Essen verschwinden.

Hier sind meine Wangen,
Hier ist mein Kinn,
Hier ist mein Bauch,
Da kommt das Essen rein.

Hier sind meine Daumen,
Hier sind meine Hände,
Flugzeug fliegt,
Flugzeug landet.

Hier sind meine Knie,
Hier sind meine Füße,
Zwei kräftige starke Beine,
Gehn die Straße entlang.

Hey, Hey, Hey

- Hey, Hey, Hey, it's a clapping day,
  Clap your hands now, what do you say?
  Hey, Hey, Hey, it's a clapping day,
  Clap your hands and stop!

- Hey, Hey, Hey, it's a patting day,
  Pat the beat now, what do you say?
  Hey, Hey, Hey, it's a patting day,
  Pat the beat and stop!

- Hey, Hey, Hey, it's a shaking day,
  Shake your body, what do you say?
  Hey, Hey, Hey, it's a shaking day,
  Shake your body and stop!

- Hey, Hey, Hey, it's a circle day,
  Make some circles, what do you say?
  Hey, Hey, Hey, it's a circle day,
  Make some circles and stop!

- Hey, Hey, Hey, it's a mambo day,
  Mambo round now, what do you say?
  Hey, Hey, Hey, it's a mambo day,
  Mambo round and stop!

Hey, Hey, Hey

Hey, Hey, Hey, heute klatschen wir,
Klatsch in die Hände, wie findest du das?
Hey, Hey, Hey, heute klatschen wir,
Klatsch in die Hände und Stopp!

Hey, Hey, Hey, heute klopfen wir den Takt,
Klopf den Takt, wie findest du das?
Hey, Hey, Hey, heute klopfen wir den Takt,
Klopf den Takt und Stopp!

Hey, Hey, Hey, heute schütteln wir uns,
Schüttle deinen Körper, wie findest du das?
Hey, Hey, Hey, heute schütteln wir uns,
Schüttle deinen Körper und Stopp!

Hey, Hey, Hey, heute drehn wir uns im Kreis,
Dreh ein paar Kreise, wie findest du das?
Hey, Hey, Hey, heute drehn wir uns im Kreis,
Dreh ein paar Kreise und Stopp!

Hey, Hey, Hey, heute tanzen wir Mambo,
Tanze Mambo, wie findest du das?
Hey, Hey, Hey, heute tanzen wir Mambo,
Tanze Mambo und Stopp!

- Klatsch zum Takt der Musik.
- Klopf den Takt auf deinen Beinen mit.
- Schüttle Arme, Beine, deinen ganzen Körper zur Musik.
- Dreh dich im Kreis oder schwing ein Tuch im Kreis.
- Bleib ganz plötzlich stocksteif stehen.
- Tanz wild durch den Raum.

Roll the Ball

Roll the ball, roll the ball, roll it along,
Roll the ball, roll the ball, roll with my song,
Because it is round, it will roll on the ground,
Roll the ball, roll it along.

Bounce the ball, bounce the ball, bounce it along,
Bounce the ball, bounce the ball, bounce with my song,
Because it is round, it will bounce on the ground,
Bounce the ball, bounce it along.

Throw the ball, throw the ball, little wee throws,
Throw the ball, throw the ball, that's how it goes,
Throw to someone and then back it will come,
Throw the ball, that's how it goes.

Die erste Strophe wird wiederholt.

throw the ball

- Wenn ihr zu mehreren seid, setzt euch gegenüber, öffnet die Beine zu einem „V" und rollt euch den Ball gegenseitig zu.
- Lass den Ball auf dem Boden aufprallen, zu deinem Partner oder für dich allein.
- Wirf deinem Partner den Ball zu oder wirf den Ball hoch in die Luft und fang ihn wieder auf.

Roll den Ball

Roll den Ball, roll den Ball, roll ihn neben dir her,
Roll den Ball, roll den Ball, roll ihn zu meinem Lied.
Weil der Ball rund ist, rollt er auf dem Boden,
Roll den Ball, roll ihn neben dir her.
Lass den Ball aufprallen, lass den Ball aufprallen,
Lass ihn neben dir aufprallen,
Lass den Ball aufprallen, lass den Ball
Aufprallen, lass ihn zu meinem Lied
Aufprallen.
Weil der Ball rund ist, kann er auf dem
Boden aufprallen,
Lass den Ball aufprallen, lass ihn
Neben dir aufprallen.

Wirf den Ball, wirf den Ball, der kleine Knirps wirft,
Wirf den Ball, wirf den Ball, genauso geht's!
Wirf ihn jemandem zu und dann kommt er zurück,
Wirf den Ball, genauso geht's!

Animals in my Garden

There's a **bird** in my garden with strong wings,
There's a **bird** in my garden with a pointy beak,
There's a **bird** in my garden with strong wings,
Flying around the flowers.

There's a **cat** in my garden with whiskers,
There's a **cat** in my garden with pointy ears,
There's a **cat** in my garden with whiskers,
Creeping around the flowers.

There's a **worm** in my garden with no eyes,
There's a **worm** in my garden with no arms or legs,
There's a **worm** in my garden with no eyes,
Squiggling around the flowers.

See the **worm**,
See the **cat**,
See the **bird**.

flying bird

Tiere in meinem Garten

Da ist ein Vogel mit kräftigen Flügeln in meinem Garten,
Da ist ein Vogel mit einem spitzen Schnabel in meinem Garten,
Da ist ein Vogel mit kräftigen Flügeln in meinem Garten,
Fliegt um die Blumen herum.

Da ist eine Katze mit Schnurrhaaren in meinem Garten,
Da ist eine Katze mit spitzen Ohren in meinem Garten,
Da ist eine Katze mit Schnurrhaaren in meinem Garten,
Schleicht um die Blumen herum.

Da ist ein Wurm ohne Augen in meinem Garten.
Da ist ein Wurm ohne Arme und Beine in meinem Garten,
Da ist ein Wurm ohne Augen in meinem Garten,
Windet sich zwischen den Blumen entlang.

Sieh den Wurm, sieh die Katze, sieh den Vogel.

- Breite deine Arme wie Flügel aus und flieg durch den Raum. Reck deinen starken Schnabel dabei in die Luft.
- Schleich durch den Raum wie eine Katze und zeig deine spitzen Ohren und deine Schnurrhaare.
- Winde dich auf deinem Bauch wie ein Wurm über den Boden, ohne deine Arme und Beine zu benutzen.

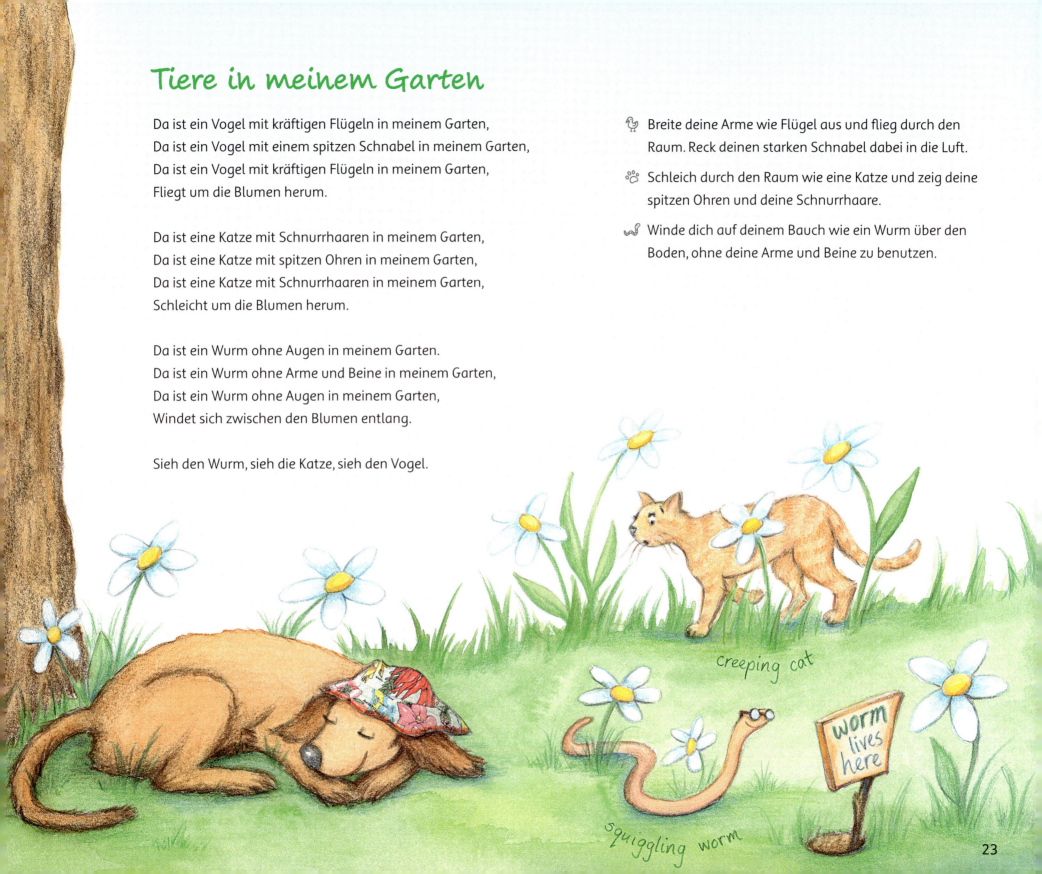

I'm a Train

All Aboard! All Aboard!

Clickety clack, clickety clack,
Driving on the railway track,
Clickety clack, clickety clack,
All the way there and all the way back.

I'm a **train**, I'm a **train**,
Driving through the sunshine,
Driving through the rain,
I'm a **train**, I'm a **train**,
Driving through the **tunnels**,
Back to the **station** again.

Das Lied wird einmal wiederholt.

Ich bin ein Zug

Alle einsteigen! Alle einsteigen!

Clickety clack, clickety clack,
Ich fahre auf den Eisenbahnschienen,
Clickety clack, clickety clack,
Den ganzen Weg hin und den ganzen Weg zurück.

Ich bin ein Zug, ich bin ein Zug,
Ich fahre im Sonnenschein,
Ich fahre durch den Regen,
Ich bin ein Zug, ich bin ein Zug,
Ich fahre durch die Tunnel
Und wieder zurück zum Bahnhof.

- Krabble auf allen Vieren durch den Raum und spiel Zug.
- Bau dir aus Pappkartons, Stühlen und Decken verschiedene Tunnel und krabble durch.

How many Fingers?

👍 **One, two, three, four, five,
Six, seven, eight, nine, ten,**
How many **fingers**?
Let's count again,
**One, two, three, four, five,
Six, seven, eight, nine, ten,**
How many **fingers**?
All these make **ten**.

If I have **ten fingers**,
Do you suppose,
If I have **ten fingers**,
I have **ten toes**?

Wiederholung

👣 **One, two, three, four, five,
Six, seven, eight, nine, ten,**
How many **toes**?
Let's count again,
**One, two, three, four, five,
Six, seven, eight, nine, ten,**
How many **toes**?
All these make **ten**.

👣 **Ten** and **ten**, I sure have plenty,
Ten and **ten**, all these make **twenty**.

Wiederholung

Das Lied wird einmal wiederholt.

👍 Zähl mithilfe deiner Finger bis zehn.

🦶 Zähl mithilfe deiner Zehen bis zehn.

✋ Zeig erst die rechte Hand und den linken Fuß,
dann die linke Hand und den rechten Fuß.

Wie viele Finger?

Eins, zwei, drei, vier, fünf,
Sechs, sieben, acht, neun, zehn,
Wie viele Finger?
Lass uns noch einmal zählen!
Eins, zwei, drei, vier, fünf,
Sechs, sieben, acht, neun, zehn,
Wie viele Finger?
Alle zusammen ergeben zehn.

Wenn ich zehn Finger habe,
Glaubst du, dass ich,

Wenn ich zehn Finger habe,
Auch zehn Zehen habe?
Wiederholung

Eins, zwei, drei, vier, fünf,
Sechs, sieben, acht, neun, zehn,
Wie viele Zehen?
Lass uns noch einmal zählen!
Eins, zwei, drei, vier, fünf,
Sechs, sieben, acht, neun, zehn,

Wie viele Zehen?
Alle zusammen ergeben zehn.

Zehn und zehn, ich habe wirklich eine Menge,
Zehn und zehn, all das ergibt zusammen zwanzig.
Wiederholung

Cardboard Box

An empty cardboard box,
I put one hand **in**,
One hand **out**
And wriggle it about,
An empty cardboard box,
I put two hands **in**,
Two hands **out**
And wriggle them about.

Push out the bottom
And my hand goes **through**,
Shake hands, shake hands,
How do you do?
Put the box **on** my head,
Now it's a crown.
Lift it **up**, lift it **up**,
Then put it **down**.

Das Lied wird zweieinhalbmal wiederholt.

I put one hand in
I put one hand out
I put two hands in
now it's a crown

- Steck eine Hand in einen kleinen Karton, zieh sie wieder raus und schwenke sie.
- Probier das Gleiche mit zwei Händen.
- Durchstoß den Boden des Kartons und schüttle jemand anderem die Hand, wenn ihr zu mehreren seid.
- Zieh dir den Karton wie eine Krone auf.
- Stemm den Karton in die Höhe und leg ihn dann auf dem Boden ab.

Der Karton

Ein leerer Karton,
Ich steck eine Hand rein,
Zieh die Hand wieder raus
Und schwenke sie.
Ein leerer Karton,
Ich steck zwei Hände rein,
Zieh zwei Hände raus
Und schwenke sie.

Ich drück den Boden raus,
Stecke meine Hand durch,
Wir schütteln uns die Hände,
Wir schütteln uns die Hände,
Wie geht es dir?
Ich setz den Karton auf meinen Kopf,
Jetzt ist es eine Krone.
Heb ihn hoch, heb ihn hoch,
Dann leg ihn ab.

I can Paint

🖌 I can paint a **circle**,
Right **in front of me**,
I can paint a **circle**,
A little one **on my knee**.
I can paint one **on the floor**,
A really big one see,
I can paint one **in the sky** then
Paint one somewhere **on me**.

I can paint a **triangle**,
Right **in front of me**,
I can paint a **triangle**,
A little one **on my knee**.
I can paint one **on the floor**,
A really big one see,
I can paint one **in the sky** then
Paint one somewhere **on me**.

I can paint the **number four**,
Right **in front of me**,
I can paint the **number four**,
A little one **on my knee**.
I can paint one **on the floor**,
A really big one see,
I can paint one **in the sky** then
Paint one somewhere **on me**.

🖌 Stell dir einen Farbtopf vor. Tauch deine Finger hinein und mal Kreise, Dreiecke und die Zahl „4" jeweils auf dein Knie, auf den Boden, in den Himmel oder irgendwo auf deinen Körper.

Ich kann malen

Ich kann einen Kreis malen,
Direkt vor mir,
Ich kann einen Kreis malen,
Einen kleinen auf mein Knie.
Ich kann einen auf den Boden malen,
Einen richtig großen, guck mal,
Ich kann dann einen in den Himmel malen,
Ich mal einen irgendwo auf meinen Körper.

Ich kann ein Dreieck malen,
Direkt vor mir,
Ich kann ein Dreieck malen,
Ein kleines auf mein Knie.
Ich kann eins auf den Boden malen,
Ein richtig großes, guck mal,
Ich kann dann eins in den Himmel malen,
Ich mal eins irgendwo auf meinen Körper.

Ich kann die Zahl Vier malen,
Direkt vor mir,
Ich kann die Zahl Vier malen,
Eine kleine auf mein Knie.
Ich kann eine auf den Boden malen,
Eine richtig große, guck mal,
Ich kann dann eine in den Himmel malen,
Ich mal eine irgendwo auf meinen Körper.

My Tool Box

I have **a hammer** and I hammer in the morning,
Hammer in the evening and all day long.
I have **a hammer** and I hammer in the morning,
Hammer in the evening, singing my song.

Tap, tap, tap, tap, tap, tap, tap, tap, tap,
Tap, tap, tap.

I have **a saw** and I saw in the morning,
Saw in the evening and all day long.
I have **a saw** and I saw in the morning,
Saw in the evening, singing my song.

Eee-rrr, eee-rrr, eee-rrr, eee-rrr.
Tap, tap, tap …

I have **sandpaper** and I sand in the morning,
Sand in the evening and all day long.
I have **sandpaper** and I sand in the morning,
Sand in the evening, singing my song.

Scritch, scritch, scritch, scritch, scritch, scritch,
Scritch, scritch, scritch.
Eee-rrr, eee-rrr …
Tap, tap, tap …

I have **a paintbrush** and I paint in the morning,
Paint in the evening and all day long.
I have **a paintbrush** and I paint in the morning,
Paint in the evening, singing my song.

Swish, swish, swish, swish, swish, swish, swish, swish.
Scritch, scritch, scritch …
Eee-rrr, eee-rrr …
Tap, tap, tap …

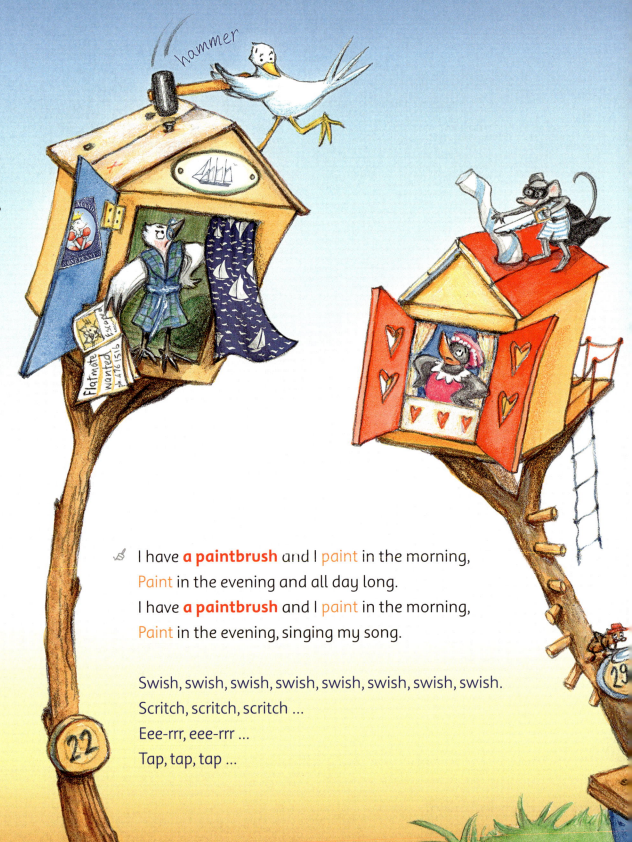

Mein Werkzeugkasten

- Mach eine Faust und hämmere im Rhythmus der Musik auf den Boden.
- Säge mit deiner aufgerichteten flachen Hand im Rhythmus der Musik.
- Leg die flache Hand auf den Boden und schmirgle hin und her im Rhythmus der Musik.
- Stell dir vor, du hast einen Pinsel in der Hand. Damit malst du im Rhythmus der Musik die Wände an.

Ich habe einen Hammer und ich hämmere am Morgen,
Hämmere am Abend und den ganzen Tag.
Ich habe einen Hammer und ich hämmere am Morgen,
Hämmere am Abend und singe mein Lied.

Klopf, klopf, klopf, klopf, klopf, klopf,
Klopf, klopf, klopf, klopf, klopf, klopf.

Ich habe eine Säge und ich säge am Morgen,
Säge am Abend und den ganzen Tag.
Ich habe eine Säge und ich säge am Morgen,
Säge am Abend und singe mein Lied.

Ritsch, ratsch, ritsch, ritsch, ratsch, ritsch,
Ritsch, ratsch, ritsch, ritsch, ratsch, ritsch.
Klopf, klopf, klopf ...

Ich habe Sandpapier und ich schleife am Morgen,
Schleife am Abend und den ganzen Tag.
Ich habe Sandpapier und ich schleife am Morgen,
Schleife am Abend und singe mein Lied.

Schrapps, schrapps, schrapps, schrapps,
Schrapps, schrapps,
Schrapps, schrapps, schrapps, schrapps,
Schrapps, schrapps.
Ritsch, ratsch, ritsch ...
Klopf, klopf, klopf ...

Ich habe einen Pinsel und ich male am Morgen,
Male am Abend und den ganzen Tag,
Ich habe einen Pinsel und ich male am Morgen,
Male am Abend und singe mein Lied.

Streich, streich, streich, streich, streich, streich,
Streich, streich, streich, streich, streich, streich.
Schrapps, schrapps, schrapps ...
Ritsch, ratsch, ritsch ...
Klopf, klopf, klopf ...

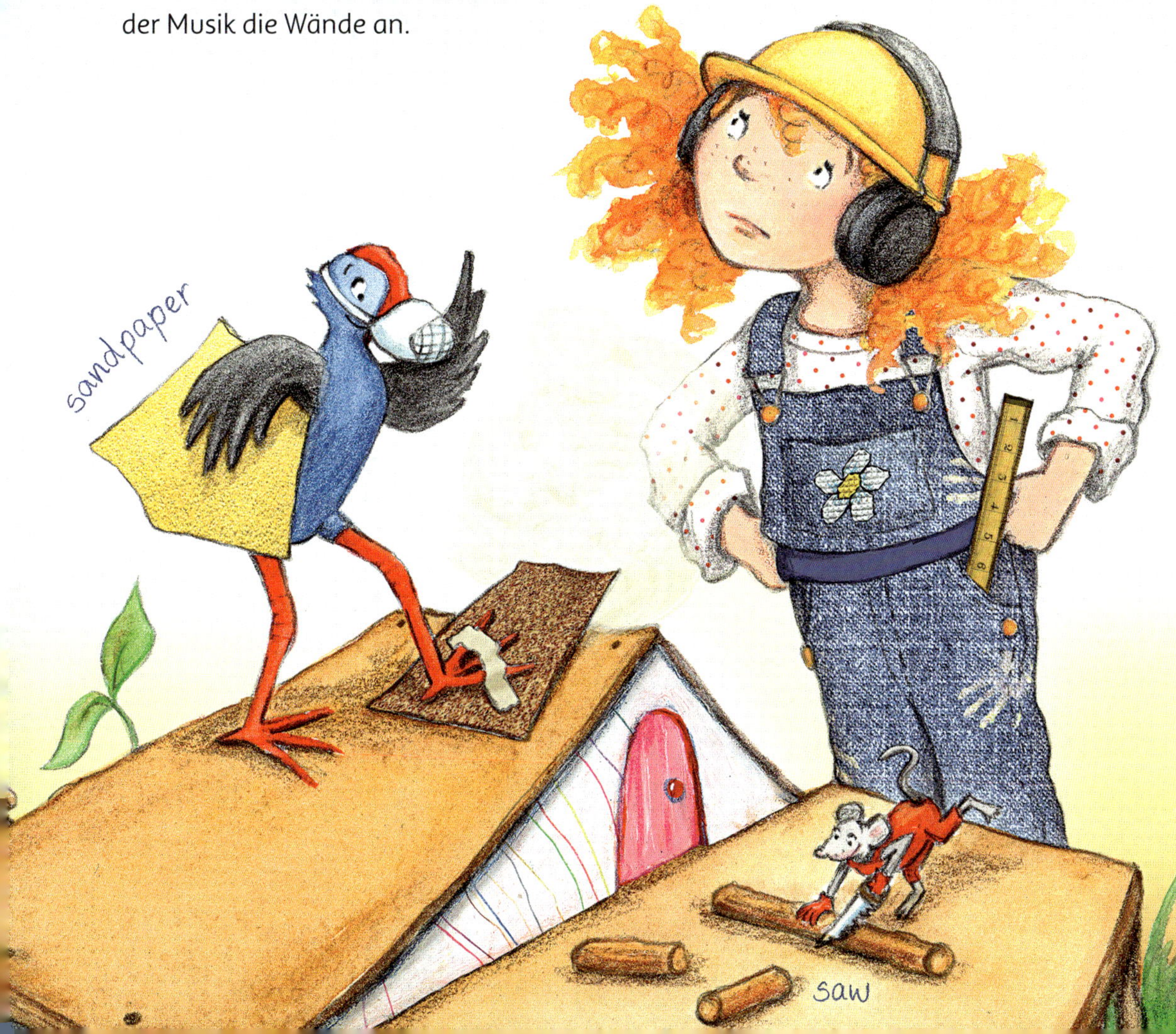

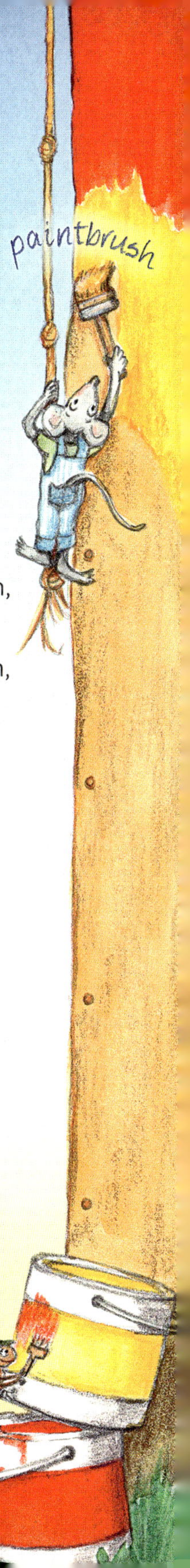

Catch a Bubble

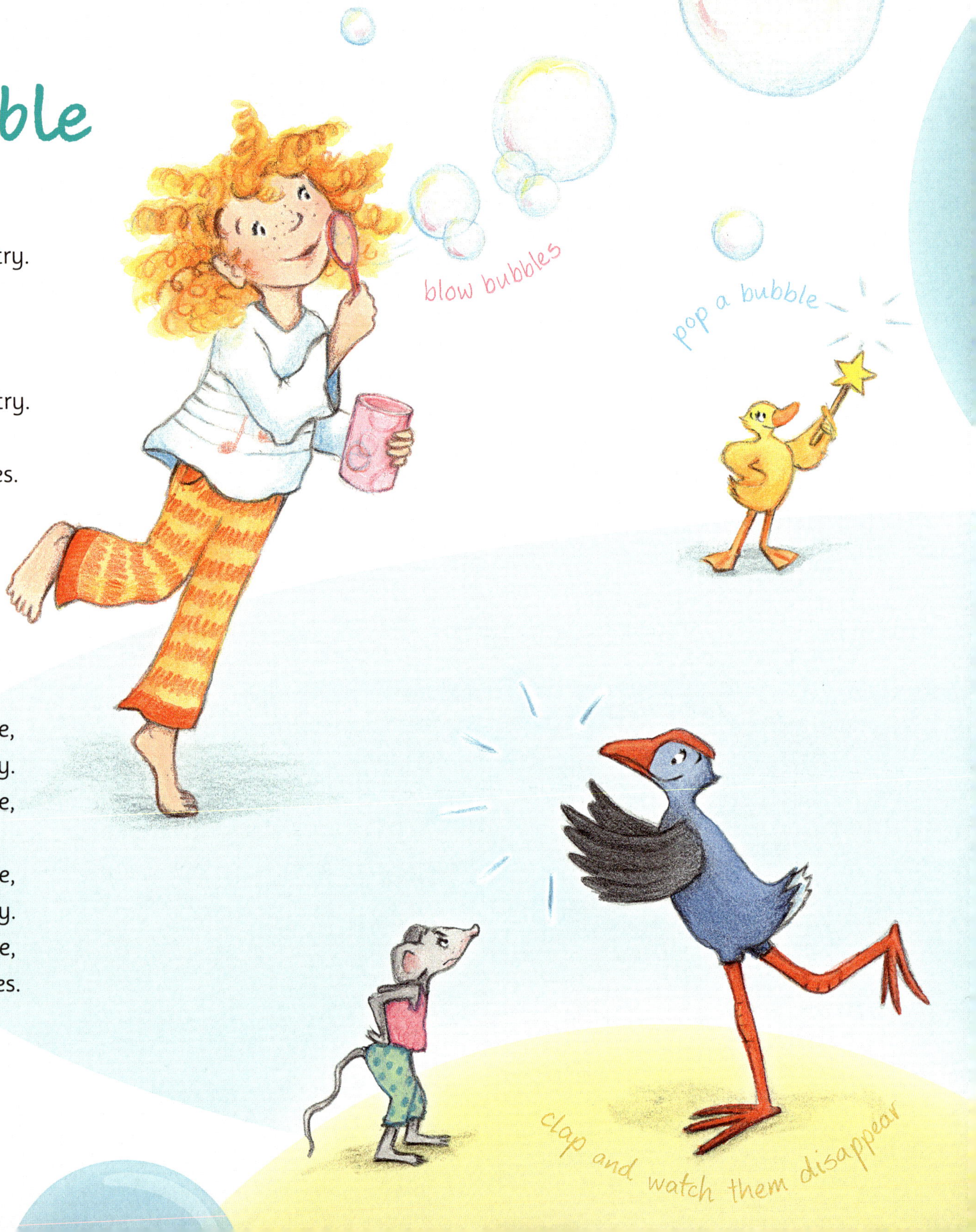

Catch a bubble on a stick, catch a bubble,
You can catch one if you're quick, have a try.
Catch a bubble on a stick, catch a bubble,
Watch it float, floating, free, watch it fly.
Catch a bubble on a stick, catch a bubble,
You can catch one if you're quick, have a try.
Catch a bubble on a stick, catch a bubble,
Before it pops, before it drops, before it dies.

Blow, blow, blow,
See it go when you blow, blow,
Clap, clap, perfect sphere,
Clap and watch them disappear.

Pop a bubble with your stick, pop a bubble,
You can pop one if you're quick, have a try.
Pop a bubble with your stick, pop a bubble,
Watch it float, floating, free, watch it fly.
Pop a bubble with your stick, pop a bubble,
You can pop one if you're quick, have a try.
Pop a bubble with your stick, pop a bubble,
Before it pops, before it drops, before it dies.

Blow, blow, blow …

Catch a bubble on a stick …

- Versuch Seifenblasen mit einem Stöckchen oder deinem Finger aufzufangen.
- Puste die Seifenblasen durch den Raum.
- Lass die Seifenblasen durch ein Klatschen zerplatzen.
- Stech mit deinem Stöckchen oder deinem Finger in die Seifenblasen und lass sie zerplatzen.

Fang eine Seifenblase

Fang eine Seifenblase mit einem Stöckchen auf, fang eine Seifenblase,
Du kannst sie fangen, wenn du schnell bist, versuch's doch mal.
Fang eine Seifenblase mit einem Stöckchen auf, fang eine Seifenblase,
Sieh ihr zu, wie sie schwebt, sie schwebt frei, sieh ihr zu, wie sie fliegt.
Fang eine Seifenblase mit einem Stöckchen auf, fang eine Seifenblase,
Du kannst sie fangen, wenn du schnell bist, versuch's doch mal.
Fang eine Seifenblase mit einem Stöckchen auf, fang eine Seifenblase,
Bevor sie zerplatzt, bevor sie fällt, bevor sie weg ist.

Puste, puste, puste,
Schau ihr nach, wenn du pustest, pustest,
Klatsch, klatsch, perfekte Kugel,
Klatsch und sieh zu, wie sie verschwinden.

Lass eine Seifenblase mit dem Stöckchen zerplatzen,
Lass eine Seifenblase zerplatzen,
Du kannst eine zerplatzen lassen, wenn du schnell bist, versuch's doch mal.
Lass eine Seifenblase mit dem Stöckchen zerplatzen,
Lass eine Seifenblase zerplatzen,
Sieh ihr zu, wie sie schwebt, sie schwebt frei,
Sieh ihr zu, wie sie fliegt.
Lass eine Seifenblase mit dem Stöckchen zerplatzen,
Lass eine Seifenblase zerplatzen,
Du kannst eine zerplatzen lassen, wenn du schnell bist, versuch's doch mal.
Lass eine Seifenblase mit dem Stöckchen zerplatzen,
Lass eine Seifenblase zerplatzen,
Bevor sie zerplatzt, bevor sie fällt, bevor sie weg ist.

Puste, puste, puste …

Fang eine Seifenblase mit einem Stöckchen auf …

Caribbean Sea

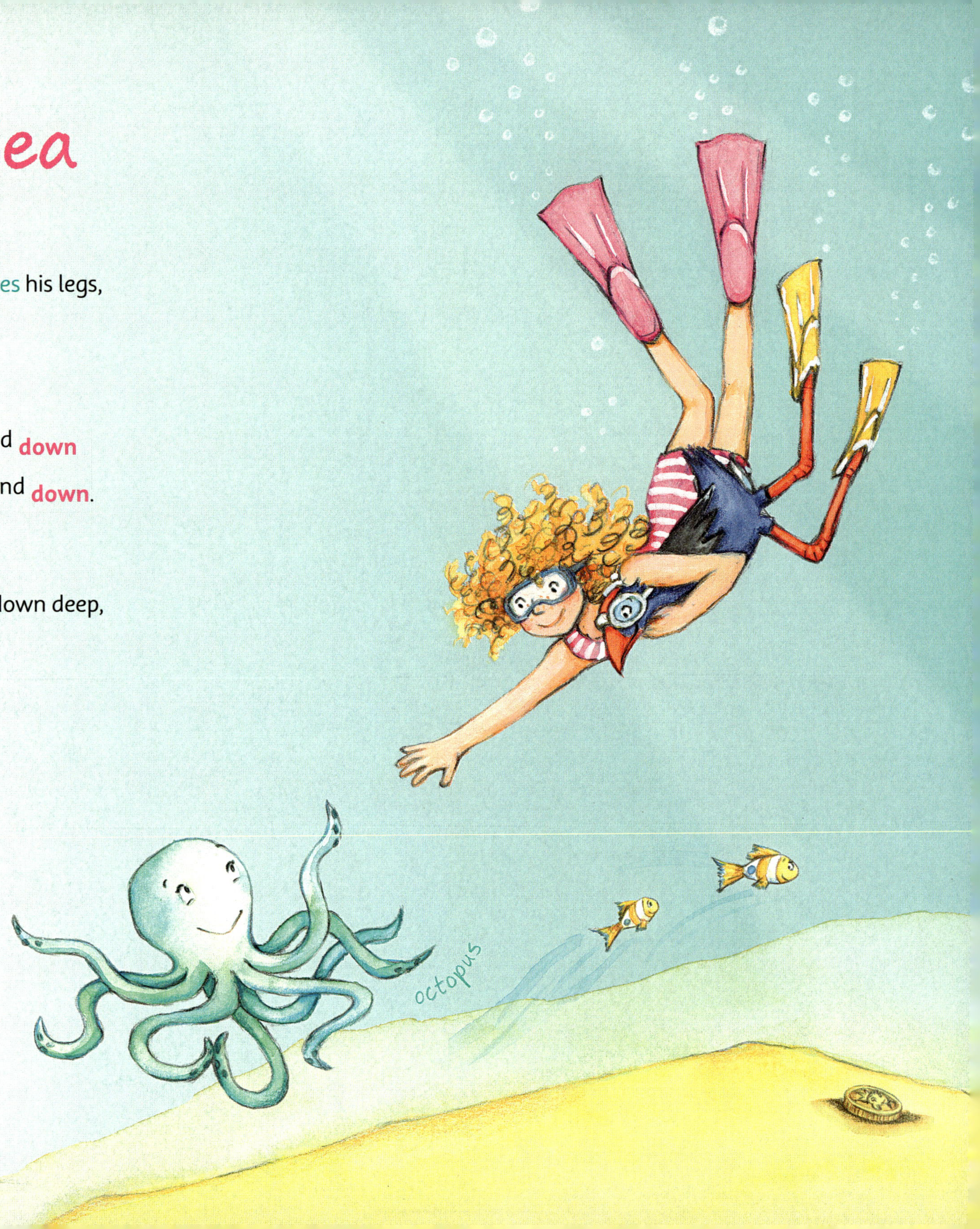

✤ At the bottom of the sea is an **octopus**,
And he wriggles his arms and he wriggles his legs,
At the bottom of the sea is an **octopus**,
Swimming, swimming free.

≋ The **waves** go **up** and **down** and **up** and **down**
And **up** and **down** and **up** and **down**.

⚑ At the bottom of the sea is a **dolphin**,
And he dives down deep, and he dives down deep,
At the bottom of the sea is a **dolphin**,
Swimming, swimming free.

≋ The **waves** go **up** and **down** ...

⟟ At the bottom of the sea is a **stingray**,
And he cruises slowly and quietly,
At the bottom of the sea is a **stingray**,
Cruising quietly.

≋ The **waves** go **up** and **down** ...

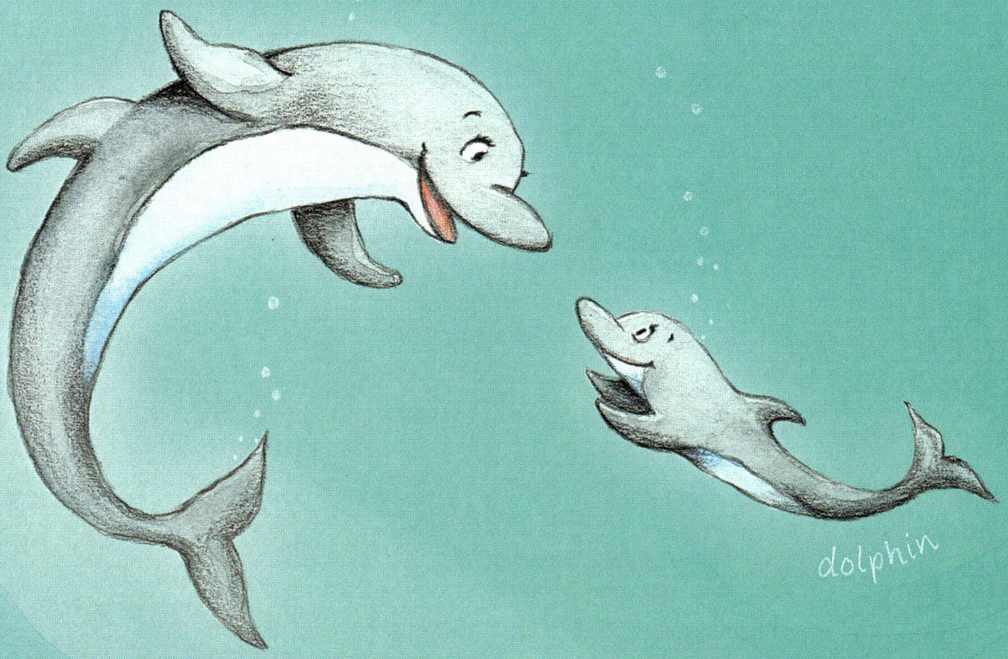

Karibisches Meer

Auf dem Meeresgrund ist ein Tintenfisch,
Und er schwenkt seine Arme und er schwenkt seine Beine,
Auf dem Meeresgrund ist ein Tintenfisch,
Er schwimmt, er schwimmt einfach herum.

Die Wellen gehen auf und ab, und auf und ab,
Und auf und ab, und auf und ab.

Auf dem Meeresgrund ist ein Delfin,
Und er taucht tief hinunter,
Und er taucht tief hinunter,
Auf dem Meeresgrund ist ein Delfin,
Er schwimmt, er schwimmt einfach herum.

Die Wellen gehen auf und ab …

Auf dem Meeresgrund ist ein Stachelrochen,
Und er bewegt sich langsam und lautlos fort,
Auf dem Meeresgrund ist ein Stachelrochen,
Er bewegt sich lautlos fort.

Die Wellen gehen auf und ab …

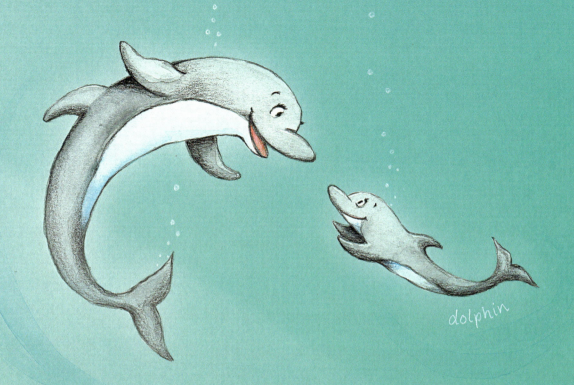

- Beweg deine Arme und Beine schlängelnd wie ein Tintenfisch.
- Beweg deine Arme auf und ab wie Wellen.
- Leg deine Hände übereinander und tauche im Bogen Richtung Boden wie ein Delfin.
- Beweg dich mit ausgestreckten Armen am Boden entlang wie ein Stachelrochen.

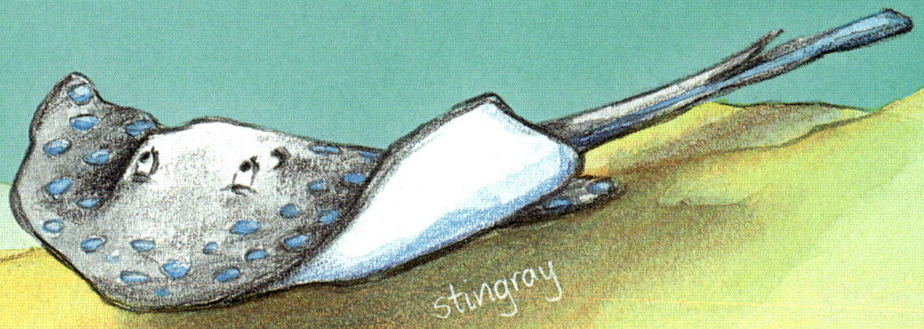

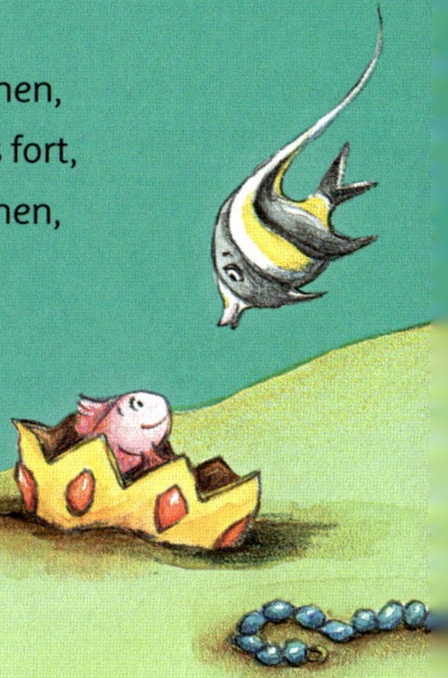

Puppet likes Dancing

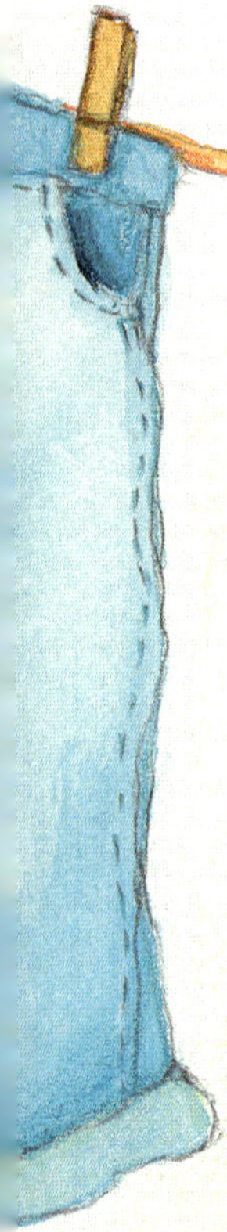

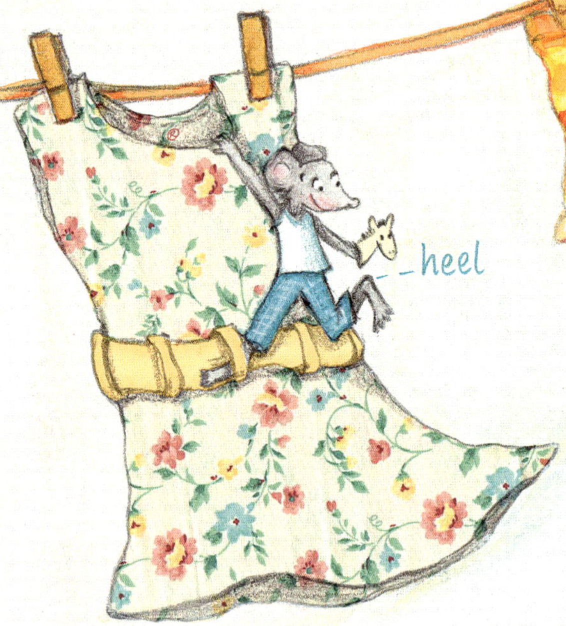

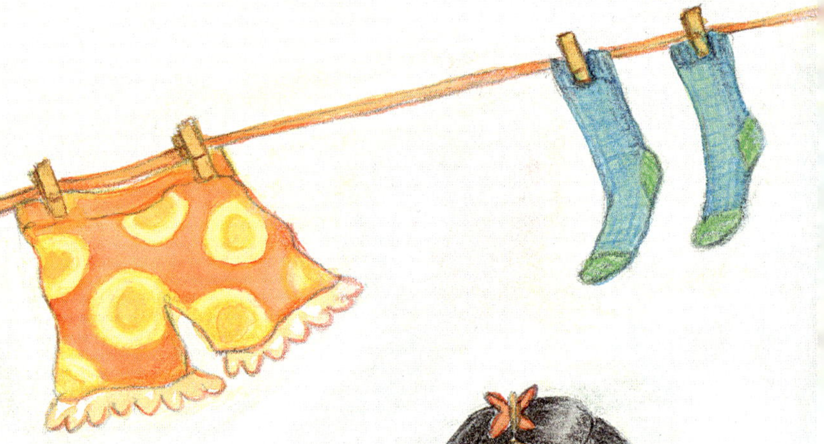

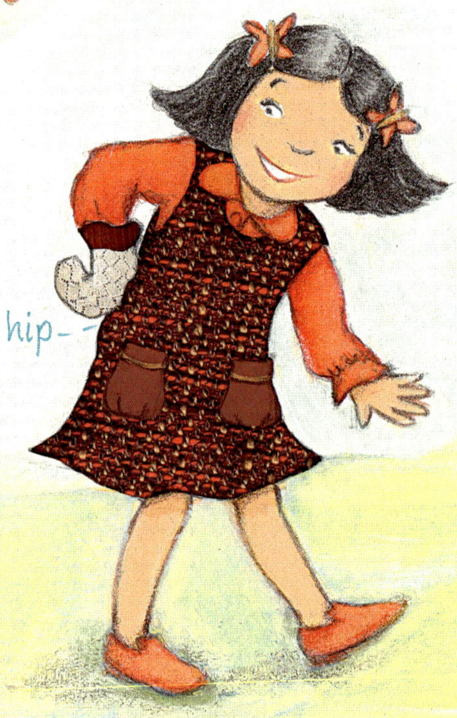

Puppet likes dancing here on my **knee**,
Knee, knee, knee, my knee, knee, knee.
When he's tired he goes to sleep.

Puppet likes dancing here on my **heel**,
Heel, heel, heel, my heel, heel, heel,
Knee, knee, knee …
When he's tired he goes to sleep.

Puppet likes dancing here on my **hip**,
Hip, hip, hip, my hip, hip, hip,
Heel, heel, heel …
Knee, knee, knee …
When he's tired he goes to sleep.

Puppet likes dancing here on my **wrist**,
Wrist, wrist, wrist, my wrist, wrist, wrist,
Hip, hip, hip …
Heel, heel, heel …
Knee, knee, knee …
When he's tired he goes to sleep.

Puppet likes dancing here on my **neck**,
Neck, neck, neck, my neck, neck, neck,
Wrist, wrist, wrist …
Hip, hip, hip …
Heel, heel, heel …
Knee, knee, knee …
When he's tired he goes to sleep.

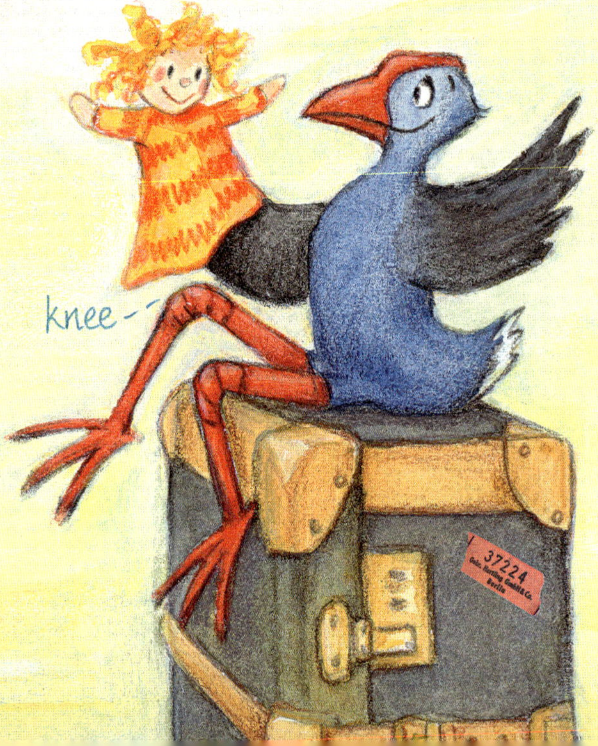

Lass ein Püppchen auf deinem Knie tanzen und dann abwechselnd auf allen Körperteilen, die du im Lied hörst. Du kannst für das Püppchen einen Strumpf benutzen oder einen Finger eines alten Gummihandschuhs.

Püppchen möchte tanzen

Püppchen möchte tanzen hier auf meinem Knie,
Knie, Knie, Knie, meinem Knie, Knie, Knie,
Wenn es müde ist, geht es schlafen.

Püppchen möchte tanzen hier auf meiner Ferse,
Ferse, Ferse, Ferse, meiner Ferse, Ferse, Ferse,
Knie, Knie, Knie …
Wenn es müde ist, geht es schlafen.

Püppchen möchte tanzen hier auf meiner Hüfte,
Hüfte, Hüfte, Hüfte, meiner Hüfte, Hüfte, Hüfte,
Ferse, Ferse, Ferse …
Knie, Knie, Knie …
Wenn es müde ist, geht es schlafen.

Püppchen möchte tanzen hier auf meinem Handgelenk,
Handgelenk, Handgelenk, Handgelenk, meinem
Handgelenk, Handgelenk, Handgelenk,
Hüfte, Hüfte, Hüfte …
Ferse, Ferse, Ferse …
Knie, Knie, Knie …
Wenn es müde ist, geht es schlafen.

Püppchen möchte tanzen hier auf meinem Nacken,
Nacken, Nacken, Nacken, meinem Nacken, Nacken, Nacken,
Handgelenk, Handgelenk, Handgelenk …
Hüfte, Hüfte, Hüfte …
Ferse, Ferse, Ferse …
Knie, Knie, Knie …
Wenn es müde ist, geht es schlafen.

Butterfly Garden

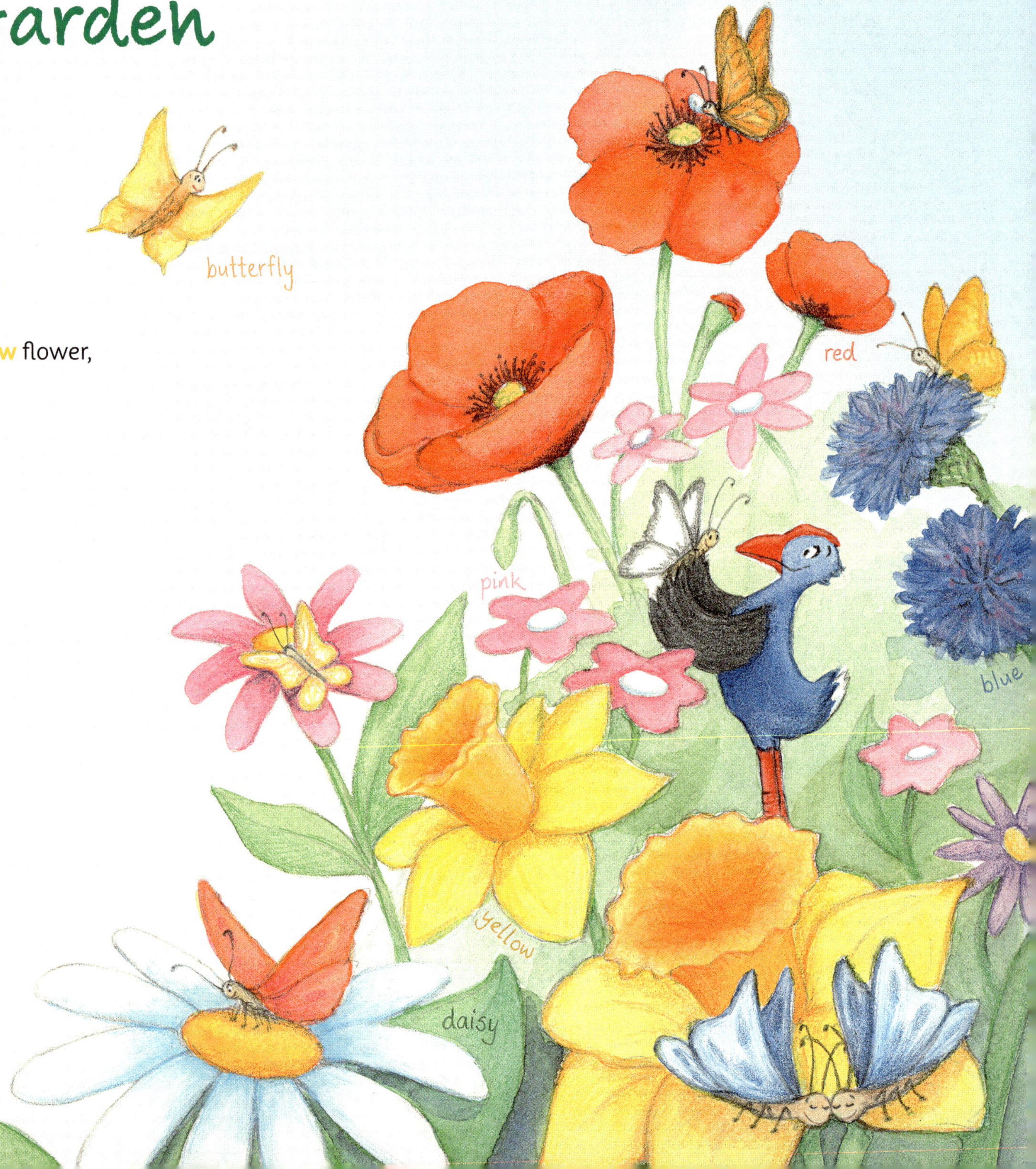

There's a **butterfly** on a **blue** flower,
And a **butterfly** on a **pink**.
There's a **butterfly** on a **red** flower,
And he's stopped to have a drink.
There's a **butterfly** on a **purple** flower,
But I like the **yellow** one best.
There are two **butterflies** on the **yellow** flower,
Quietly having a rest.

Butterfly, fly around the **garden**,
Fly in the sky so **blue**,
Butterfly, fly around the **garden**,
I can be a **butterfly** too.
Wiederholung

There's a **butterfly** on a **daisy**
And a **sunflower** so tall,
There's a **butterfly** on the **ivy**,
That's climbing up the wall,
There's a **butterfly** on the **rose bush**,
And a **butterfly** on the **tree**.
A **garden** full of **butterflies**,
And a **butterfly** right on me.

Butterfly, fly around the **garden** …
There's a **butterfly** …

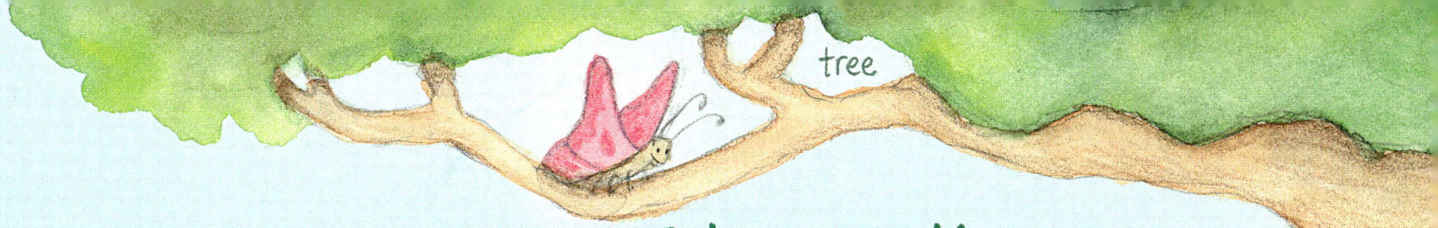

Schmetterlingsgarten

🦋 Form mit deinen Händen einen Schmetterling und lass ihn durch die Gegend flattern.
Oder sei selbst ein großer Schmetterling, benutze deine Arme als Flügel und flieg durch den Raum.

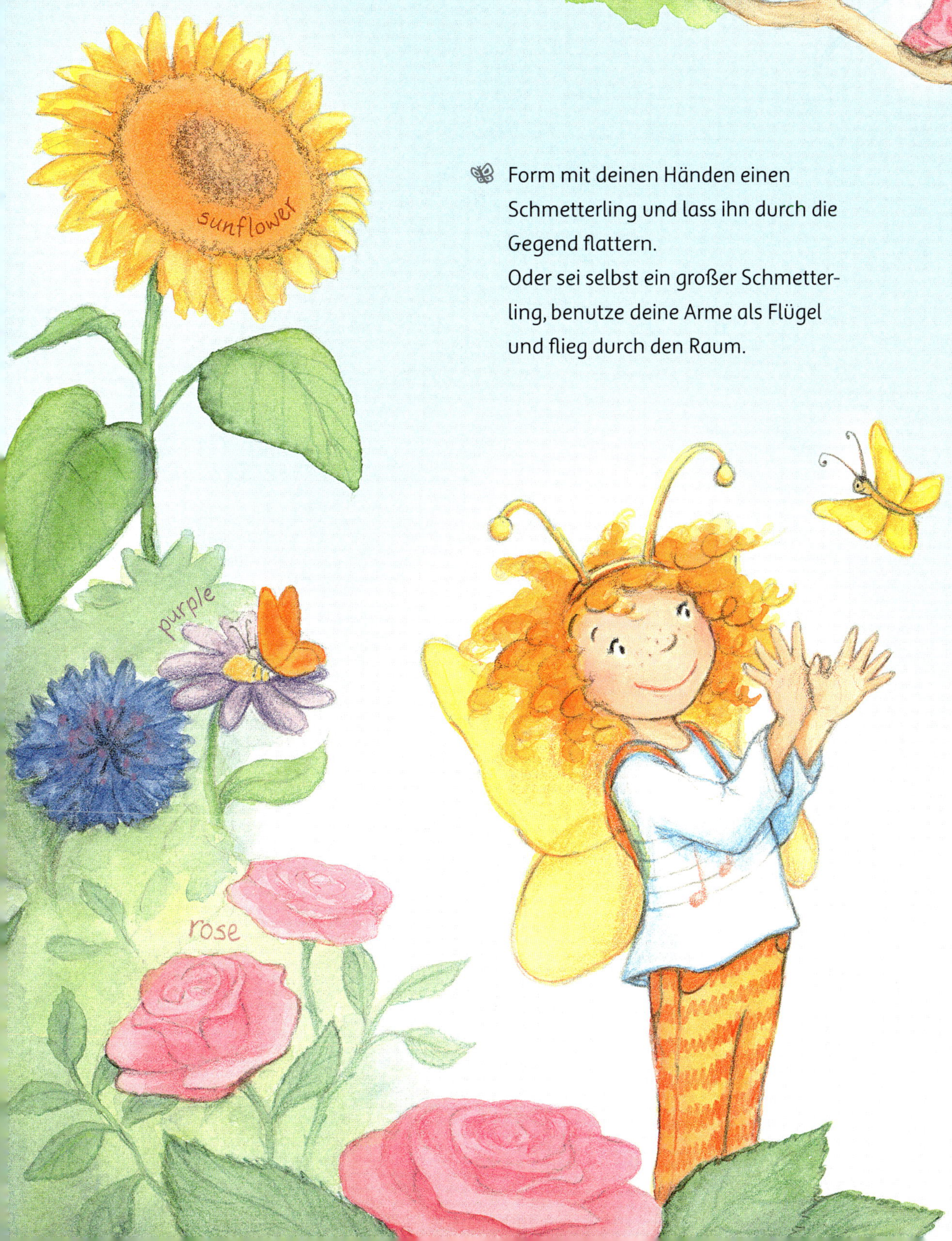

Da ist ein Schmetterling auf einer blauen Blume,
Und ein Schmetterling auf einer rosafarbenen.
Da ist ein Schmetterling auf einer roten Blume,
Und er hat sich niedergelassen, um etwas zu trinken.
Da ist ein Schmetterling auf einer lila Blume,
Aber ich mag die gelbe am liebsten.
Da sind zwei Schmetterlinge auf der gelben Blume,
Die sitzen ganz still und ruhen sich aus.

Schmetterling, flieg im Garten herum,
Flieg in den Himmel, der so blau ist,
Schmetterling, flieg im Garten herum,
Ich kann auch ein Schmetterling sein.
Wiederholung

Da ist ein Schmetterling auf einem Gänseblümchen
Und auf einer riesengroßen Sonnenblume,
Da ist ein Schmetterling auf dem Efeu,
Der die Wand hochklettert.
Da ist ein Schmetterling im Rosenbusch,
Und ein Schmetterling auf dem Baum.
Ein Garten voller Schmetterlinge,
Und ein Schmetterling direkt auf mir.

Schmetterling, flieg im Garten herum …

Da ist ein Schmetterling auf einer blauen Blume …

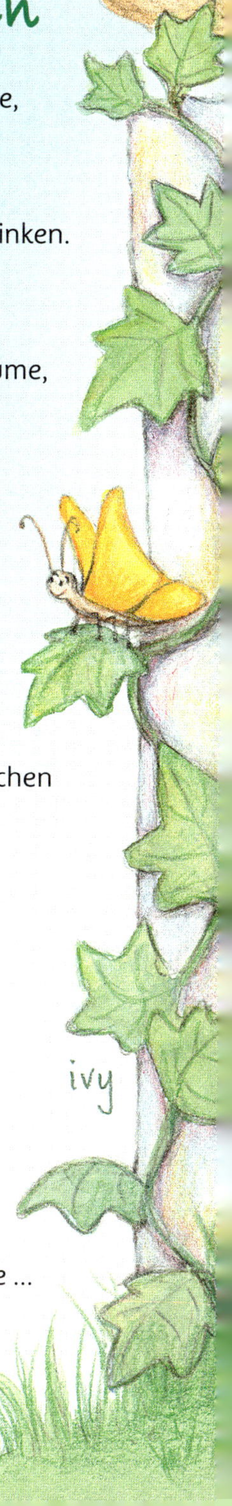

Tidy up Time

It's tidy up time, time to put my things away,
It's tidy up time, clean up all the mess,
It's tidy up time, time to put my things away,
It's tidy up time, again.

Sometimes I'm busy, doing a **jigsaw puzzle**,
Sometimes I'm busy, making a **cake for tea**,
Sometimes I'm busy, building a **tower**,
Sometimes I'm busy, please don't bother me.
But when it's all done, I've had my fun,
I hear somebody say:

Das Lied wird eineinhalbmal wiederholt.

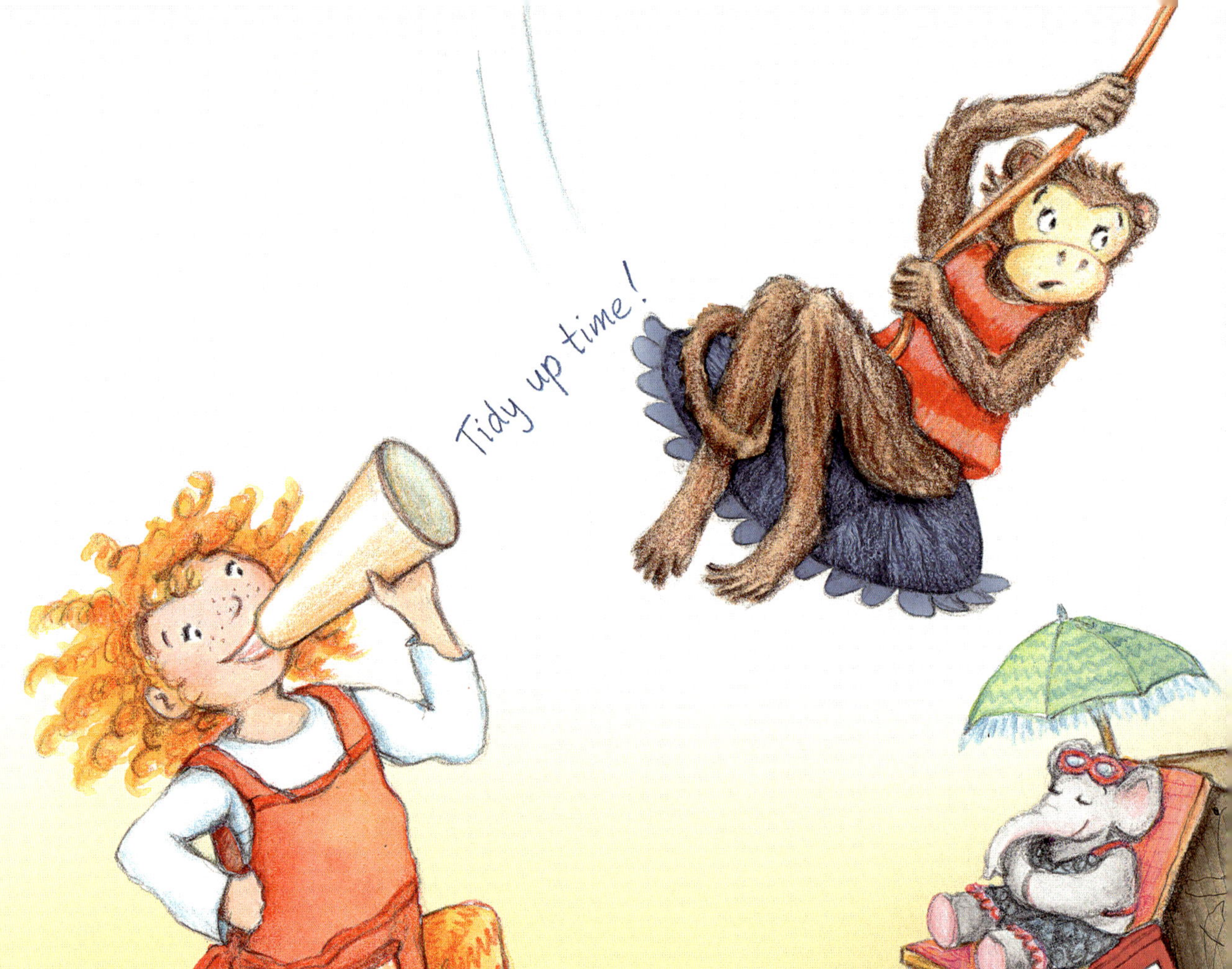

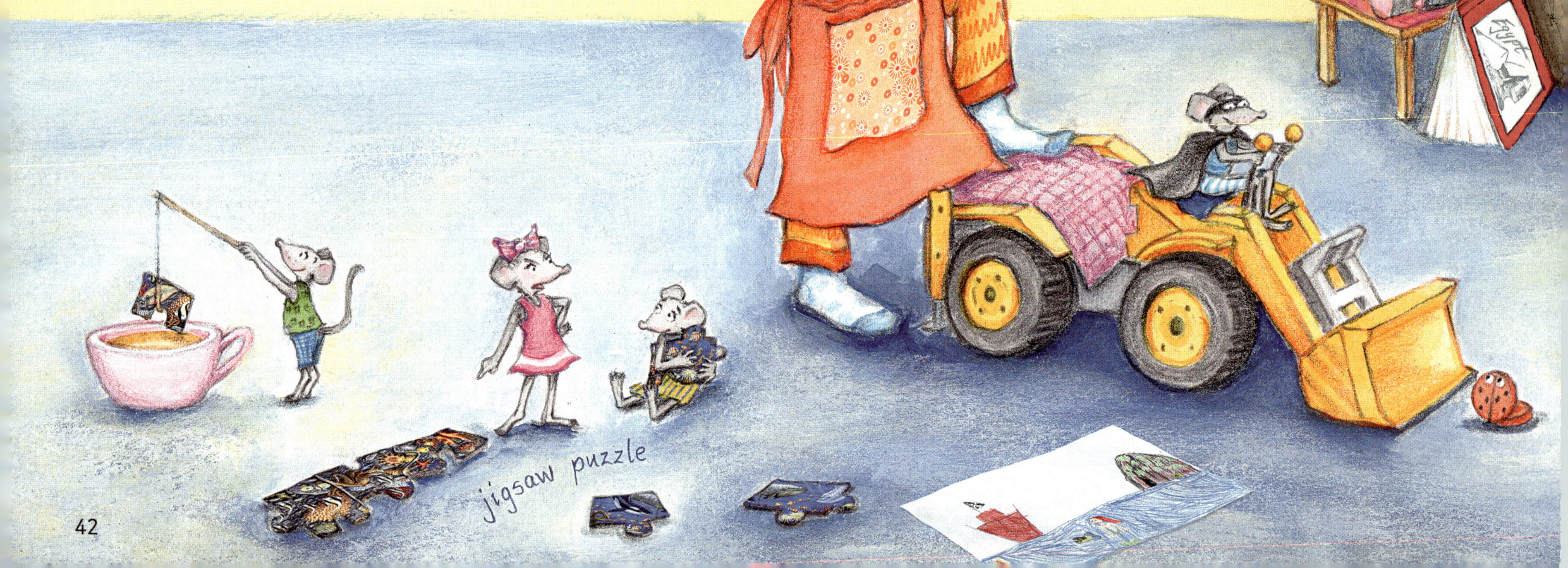

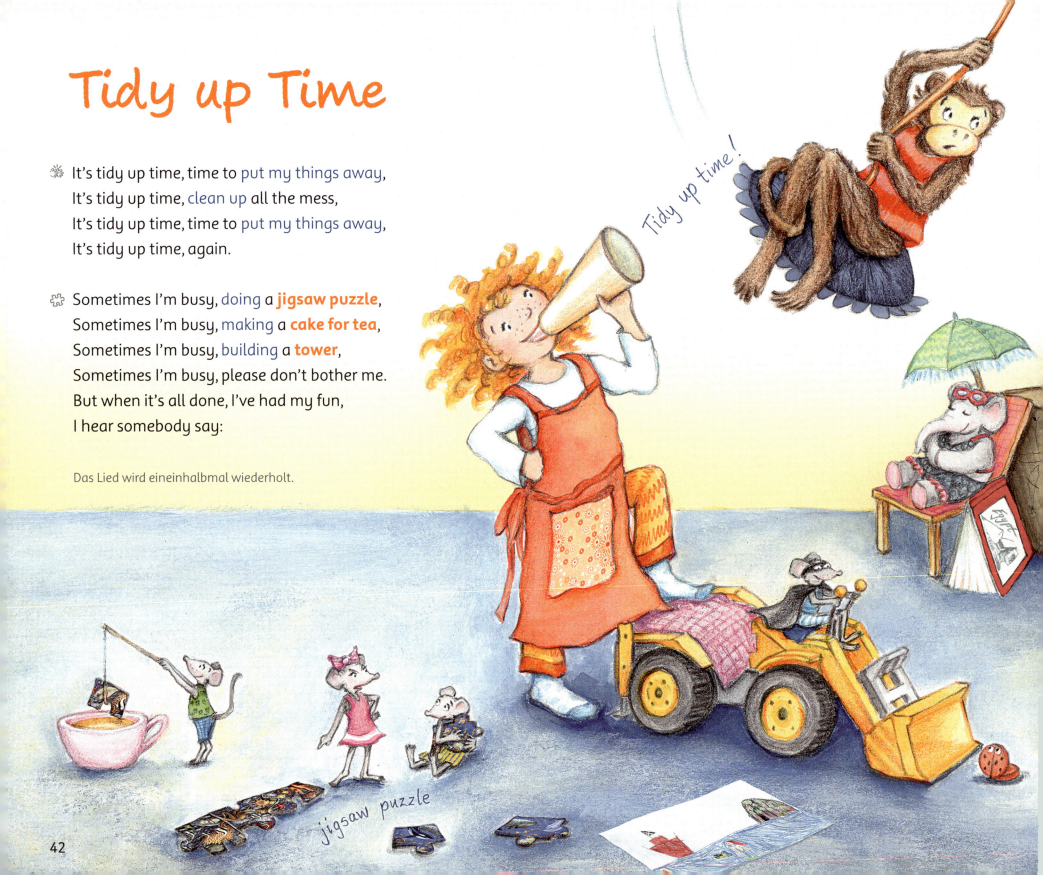

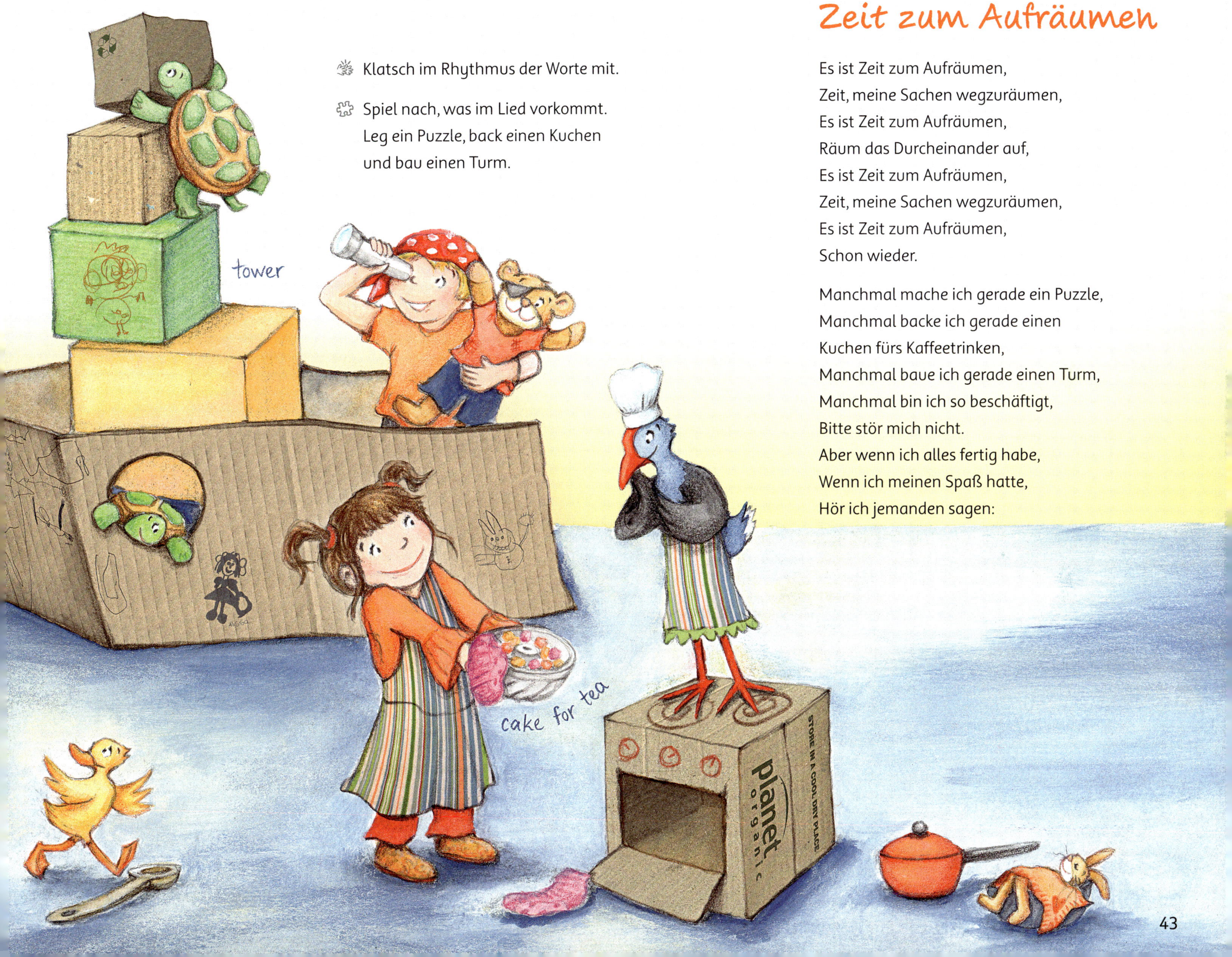

- Klatsch im Rhythmus der Worte mit.
- Spiel nach, was im Lied vorkommt. Leg ein Puzzle, back einen Kuchen und bau einen Turm.

Zeit zum Aufräumen

Es ist Zeit zum Aufräumen,
Zeit, meine Sachen wegzuräumen,
Es ist Zeit zum Aufräumen,
Räum das Durcheinander auf,
Es ist Zeit zum Aufräumen,
Zeit, meine Sachen wegzuräumen,
Es ist Zeit zum Aufräumen,
Schon wieder.

Manchmal mache ich gerade ein Puzzle,
Manchmal backe ich gerade einen
Kuchen fürs Kaffeetrinken,
Manchmal baue ich gerade einen Turm,
Manchmal bin ich so beschäftigt,
Bitte stör mich nicht.
Aber wenn ich alles fertig habe,
Wenn ich meinen Spaß hatte,
Hör ich jemanden sagen:

Tired Teddy

🐻 Tired Teddy, I'll sing you to **sleep**,
Snuggle in here beside me,
Tired Teddy, I'll sing you to **sleep**,
Snuggle in here with me.

☀︎ I'll sing you a song of sunshine,
🌧 I'll sing you a song of rain,
Whatever the weather tomorrow,
We'll be singing again.

Die erste Strophe wird dreimal wiederholt.

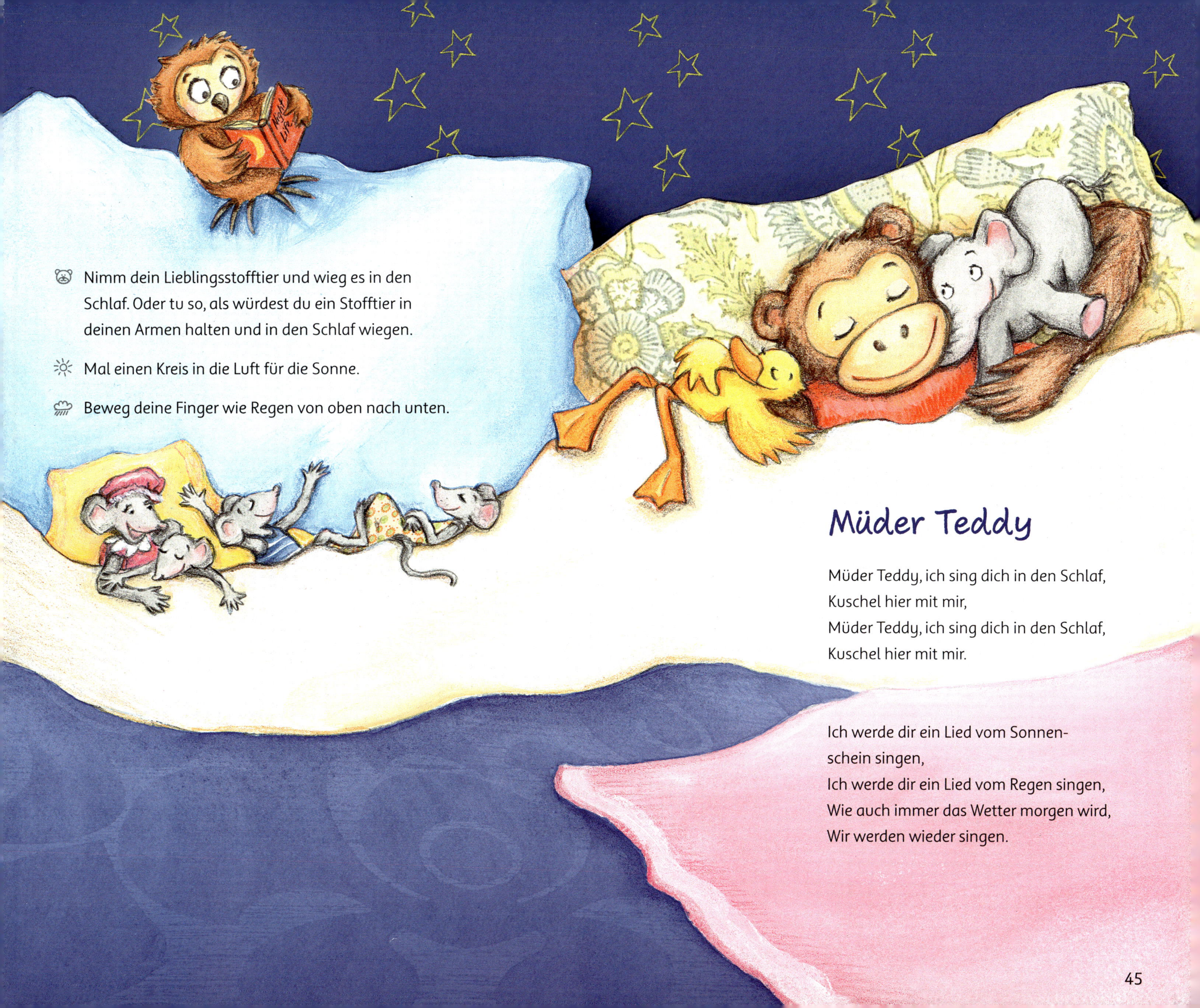

- Nimm dein Lieblingsstofftier und wieg es in den Schlaf. Oder tu so, als würdest du ein Stofftier in deinen Armen halten und in den Schlaf wiegen.
- Mal einen Kreis in die Luft für die Sonne.
- Beweg deine Finger wie Regen von oben nach unten.

Müder Teddy

Müder Teddy, ich sing dich in den Schlaf,
Kuschel hier mit mir,
Müder Teddy, ich sing dich in den Schlaf,
Kuschel hier mit mir.

Ich werde dir ein Lied vom Sonnenschein singen,
Ich werde dir ein Lied vom Regen singen,
Wie auch immer das Wetter morgen wird,
Wir werden wieder singen.

Michaela Sangl

Die vielseitige Künstlerin aus Neuseeland mit deutschen, irischen und schottischen Wurzeln studierte zunächst Architektur an der Universität Auckland. Ihr leidenschaftliches Interesse für Sprachen und andere Kulturen führte sie an Europäische Hochschulen, die Hochschule für Angewandte Kunst in Wien, die Amerikanische Universität in Rom und die Hochschule der Künste in Berlin. Michaela Sangl spricht fließend Englisch, Deutsch und Italienisch und hat diese Sprachen auch an ihre sechsjährige Tochter Isla durch Lieder, Spiele und Bücher weitergegeben. Hierbei machte sie die Erfahrung, wie spielerisch Kinder Sprachen durch Lieder und Bewegungen erlernen können. Als sie die Lieder der Kids Music Company kennenlernte, war es nur ein kleiner Schritt zu den charmanten Hauptfiguren Peggy und Peek und dem dazugehörigen Kinderliederbuchkonzept. Michaela Sangl lebt überwiegend in Auckland und illustriert und schreibt Kinderbücher für englischsprachige und deutsche Verlage.
www.twinkle.co.nz

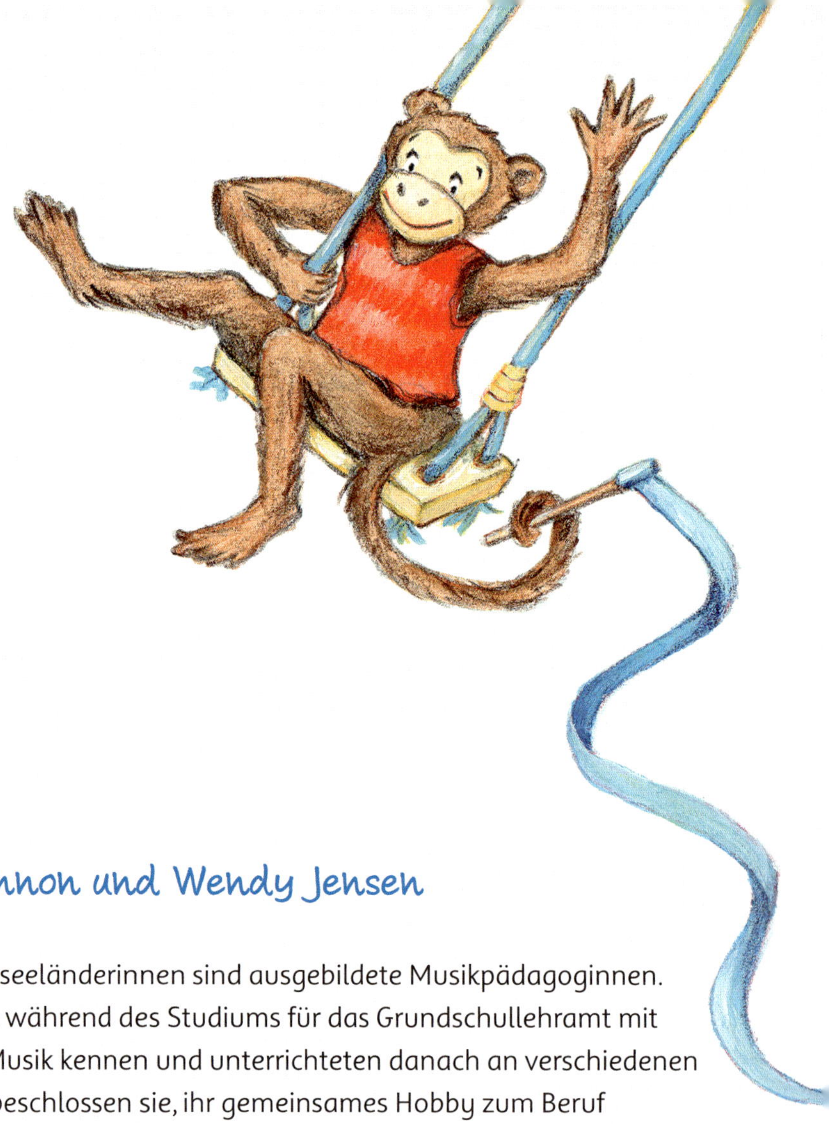

Janet Channon und Wendy Jensen

Die beiden Neuseeländerinnen sind ausgebildete Musikpädagoginnen. Sie lernten sich während des Studiums für das Grundschullehramt mit Schwerpunkt Musik kennen und unterrichteten danach an verschiedenen Schulen. 1989 beschlossen sie, ihr gemeinsames Hobby zum Beruf zu machen, und gründeten die Firma Kids Music Company. Seitdem schreiben sie modern instrumentierte, mitreißende Bewegungslieder für Kinder im Kindergarten-, Vorschul- und Grundschulalter und bieten dazu Kurse an. Ihre Lieder direkt aus dem Kinderalltag sollen Kinder in der Entwicklung ihrer sprachlichen, körperlichen, sozialen, kreativen und vieler weiterer Fähigkeiten fördern. Mit ihren Kompositionen haben sie schon zahlreiche Preise gewonnen, unter anderem neun Auszeichnungen des renommierten United Kingdom's Practical Preschool Awards seit 2003. Die beiden passionierten Pädagoginnen sind verheiratet, haben zwei bzw. vier Kinder und leben in Auckland.
www.kidsmusiccompany.com

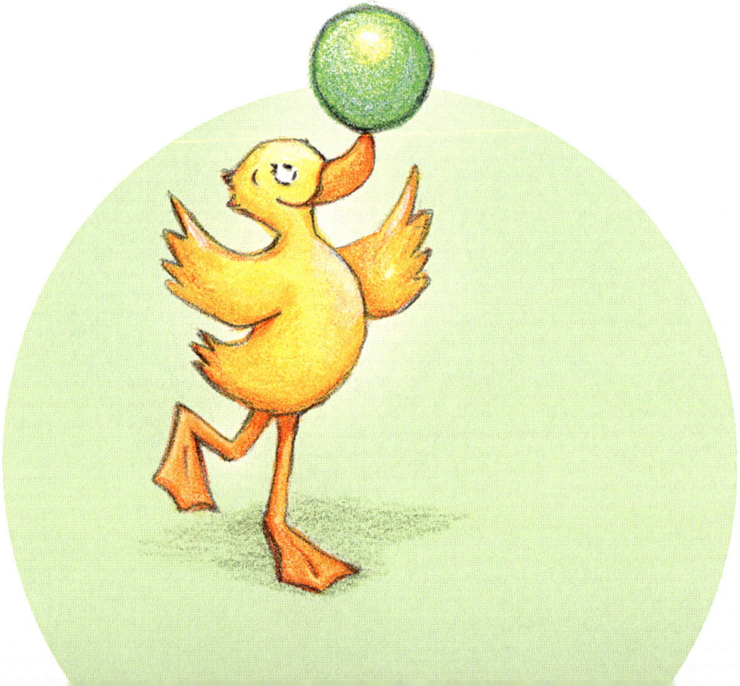

Was für ein Vogel ist Peek?

Peek ist ein Pukeko, auch Purpurhuhn genannt. Die in Neuseeland heimischen eigensinnigen Pukekos sind berüchtigte Kartoffeldiebe, ernähren sich aber hauptsächlich von Wasserpflanzen, Sprossen, Blüten, Blättern, Gräsern, Knollen, Samen, Fröschen, Raupen oder kleineren Eiern. Das liebevoll als „komischer Vogel" bezeichnete Tier kann sich wegen seiner Stummelflügel nur mit Mühe in die Luft schwingen und nur kurze Strecken mit herunterbaumelnden Beinen fliegen. Danach gibt es meist eine Bruchlandung. Deshalb bewegt er sich lieber schwimmend oder laufend vorwärts.

How many Fingers?
von Seite 26/27
Gesprochener Text auf der CD

Einleitung
How many fingers?
How many toes?
How many of these?
How many of those?

Wie viele Finger?
Wie viele Zehen?
Wie viele von diesen?
Wie viele von denen?

Zwischentext
Ok, let's check.
Take off my shoes,
Take off my socks,
Then I can count.

Gut, lass uns nachsehen.
Ich zieh meine Schuhe aus,
Ich zieh meine Socken aus,
Dann kann ich zählen.

Where Children Come First

Ihr Kind wird Englisch lieben.

Englisch lernen mit Spaß schon ab 3 Monaten bis 14 Jahren

Freecall 0800 - 26 89 678
aus dem deutschen Festnetz
www.helendoron.de

Schweiz: + 41 (0) 52 - 337 06 60
www.helendoron.ch

Österreich: +43 (0) 732 - 79 21 88
www.helendoron.at

Franchises available in all areas!

Das Erfolgskonzept seit 1985

Einen herzlichen Dank an Isla, Jill and Harry Sangl, Alissa Smith, Anja Clarissa Gilles,
Mark und Alex vom Image Centre und Katharina Ebinger.
MS

Dank an alle, die an der Produktion dieser CD mitgewirkt haben, auch an Bruce Lynch,
der diese Zusammenstellung neu gemastert hat!
Ein besonderer Dank gilt unseren Familien für ihre musikalische Unterstützung in all den Jahren.
Dank an Leah Channon, Tessa Jensen, Marlece Jensen und Isla Sangl, die als Kinderstimmen
vertreten sind, Mark Jensen als Männerstimme und nochmals an Leah Channon für ihr Flötenspiel
in „Butterfly Garden" und für die Mitautorenschaft bei „Sing in English" und „Butterfly Garden".
JC/WJ

Sangl, Michaela/Channon, Janet/Jensen, Wendy:
Das Early English Kinderliederbuch
ISBN 978-3-522-30257-9

Konzept, Layout und Illustration: Michaela Sangl
Liedtexte und Melodien: Janet Channon und Wendy Jensen
Übersetzung der Liedtexte ins Deutsche: Anna-Barbara Helliwell
Layout, Photoshop-Kollage, Typografie und Symbolgestaltung: Alissa Smith
Sprecher: Barbara Stoll, Sophie Kränzle, Jonathan Agar
Sound-Design: Sumophonic, Christian Heck, Stuttgart
Schrift: Harmony, Aboutface
Herstellung: Weiß-Freiburg GmbH – Graphik & Buchgestaltung
Druck und Bindung: Himmer AG, Augsburg
© 2011 by Gabriel Verlag (Thienemann Verlag GmbH), Stuttgart/Wien
Printed in Germany. Alle Rechte vorbehalten.
5 4 3 2 1° 11 12 13 14

www.gabriel-verlag.de

Sing auf Englisch
mit Peggy und Peek,
mit Peggy und Peek.
Sing auf Englisch, mit Peggy und Peek
ist es ganz leicht.
Ich beweg mich im Takt,
setze meine Hände und meine Füße ein.
Mit Peggy und Peek
macht's Spaß.
Also kommt, macht alle mit!